HEYNE
BÜCHER

Siegfried hatte seine Achillesferse am Rücken

Stilblüten aus deutschen Klassenzimmern

Gepflückt und zusammengestellt von
Michael Hallstatt

Mit Cartoons von
Eberhard Holz, Erik Liebermann,
Manfred Limmroth und Jules Stauber

Originalausgabe

WILHELM HEYNE VERLAG
MÜNCHEN

HEYNE ALLGEMEINE REIHE
Nr. 01/7881

Printed in Germany 1989
Umschlagzeichnung: Ernst Hürlimann
Umschlaggestaltung: Atelier Ingrid Schütz, München
Gesamtherstellung: Presse-Druck, Augsburg

ISBN 3-453-03306-X

Inhalt

Zuerst einmal …

»Stilblüten sammeln sollte nur, wer ein Liebhaber ist. Sie auszujäten zeugt von einem schlechten Geschmack von einem der da wünscht, daß nur korrekte Phrasen wachsen. Stilblüten sind die glücklichen Ausnahmen, denen wir in der Wüste der Erkenntnis begegnen«, sagte der ebenso scharfsichtige wie scharfzüngige Sprach-, Kultur- und Gesellschaftskritiker Karl Kraus.

Der in Tausenden von Aufsätzen und Klassenarbeiten bienenfleißig Blüte um Blüte erjagende Herausgeber ist ein leidenschaftlicher Liebhaber. Denn: »Oft werden Unbehilflichkeiten des Audrucks zu Schönheiten, weil man merkt, daß der Verfasser den Inhalt lebhaft gefühlt hat«, und — so sei des Dichters Franz Grillparzer verständnisvolle Einsicht ergänzt — weil die jungen Autoren ihre Empfindungen ehrlich, spontan und ungeschminkt ausdrücken.

M. H.

1.

DAS INDIVIDUUM

Von mir über mich

oder

Grundsätzlich kann man auch ungeboren bleiben

Meine Eltern haben lange geheiratet, bevor ich auf die Welt kam. Sie haben damals noch ganz wenig Geld gehabt. Aber dann hat mein Papa auf mich gespart und an meinem Geburtstag hat es dann auch geklappt.

Weil ich keinen Vater und keine Schwester oder Bruder habe, muß ich meine Mutter ganz allein unterhalten.

Anstatt einem Hund halten meine Eltern mich, weil zwei in der kleinen Wohnung geht nicht.

Bevor ich auf der Welt war, mußten meine Eltern mit sich selber spielen.

Seit ich in meiner frühesten Jugend geboren wurde, habe ich die gleichen Eltern.

Meine Eltern sind katholisch und verheiratet mit einem Kind. Das Kind bin ich.

Ich bekomme nur 10 Mark Taschengeld im Monat. Zum Schluß bin ich immer in große finanzielle Schwierigkeiten gewickelt.

Ich und mein Bruder Werner sind Brüder, man kann fast schon sagen: Geschwister.

Wenn ich der liebe Gott wäre, würde ich eine einzige Sprache für alle Menschen machen. Dann müßte ich nicht mehr englisch und lateinisch pauken.

Ich konnte schon vor der Geburt eine glückliche Kindheit erwarten.

Ich muß immer um neun Uhr ins Bett. Aber das ist mir zu früh zum entschlafen. Deshalb lese ich, bis es soweit ist.

Mehr kann ich jetzt nicht mehr erzählen, weil ich noch nicht so lange Memoaren habe.

Ich habe zwei vollständige Eltern. Trotzdem bin ich ein halber Waise, weil mein richtiger Vater gestorben ist und mein jetziger Vater neu dazukam und mit mir eigentlich gar nichts zu tun hat.

Ich bin der jüngste Sohn von sieben Geschwistern.

2.

DER MENSCH UND SEIN KÖRPER

Menschsein ist irrig

oder

Der Ochse ist unter den Menschen
so häufig wie unter den Kühen

Ältere Menschen bestehen überwiegend aus Frauen.

Der Mensch ist ein Säugetier. Er saugt sein Leben lang viel Flüssigkeit in sich hinein. Mein Vater zum Beispiel braucht jeden Tag drei bis vier Maß. Ich komme noch mit weniger aus, da ich ja auch noch viel kleiner bin.

Der Mensch hat an seinem Körper mehrere Öffnungen, aber nur mit einer kann er reden.

Der Mensch gibt am Tag ungefähr 180 l Flüssigkeit ab, also das doppelte von seinem Körpergewicht.

Beide sind körperlich unterentwickelt, das macht sich besonders stark am Körperbau bemerkbar.

In der Mitte vom Bauch sitzt der Nabel des Menschen. Dann gibt es auch noch den Nabel der Welt. Wo der sitzt, weiß ich aber nicht.

Früher waren die Füße die Verkehrsorgane des Menschen. Heute haben wir viele verschiedene Verkehrsmittel.

Die meisten Menschen sprechen durch den Mund. Nur vornehme Leute sprechen durch die Nase.

Schon in der Wiege entwickelt sich das Kleinkind für später.

Der menschliche Körper besteht aus mehreren Teilen: Kopf, Oberkörper mit Armen, Unterleib mit Beinen. Der wichtigste Teil ist der Unterleib, weil sich dort alle lebenswichtigen Vorgänge abspielen.

Vom vierten Monat an werden beim Embryo die Geschlechtsteile angelagert.

Die menschliche Haut, die wir im Winter wegen der Kälte immer bedeckt halten müssen, wird dadurch sehr schüchtern. Wenn wir sie dann im Sommer nackt in die Sonne halten, wird sie rot.

Die Haut umgibt den Körper und schützt ihn. Sie hält Schmutz und Wind vom Fleisch und von den Innereien ab. Deshalb muß man sie auch immer ordentlich schrubben, damit der Schmutz nicht nach innen dringt.

Der ganze Körper des Menschen ist von Nerven durchzogen. Es gibt sie in unterschiedlicher Stärke. Frauen haben meist dünnere als Männer. Rennfahrer, Sportler, Weltraumfahrer und Spione haben welche aus Stahl.

Die fünf Sinne bestehen aus Hören, Sehen, Reden, Riechen und Schmecken. Wer es im Leben zu etwas bringen will, muß alle fünf Sinne zusammennehmen.

Wenn alle fünf Sinne gut beieinander sind, ergeben sie ein gutes Sinnbild.

Wir haben sieben Sinne: den Gesichtssinn, den Hörsinn, den Geschmackssinn, den Tastsinn, den Geruchsinn, den Orientierungssinn und den Eigensinn.

Die Wirbelsäule ist ein aus vielen kleinen Knochen zusammengesetzter Knochenschlauch, der den ganzen Rücken herunterläuft. Auf dem oberen Ende sitzt der Kopf, auf dem unteren Ende sitzen wir selber.

Die Wirbelsäule trägt das Genick.

Beim Menschen wird der Kopf auf den Schultern getragen.

Der Kopf steckt auf der Wirbelsäule.

Der Kopf kann sich rundherum drehen.

Der Kopf ist auf den Halswirbel aufgelegt.

Das Rückrad hält den Menschen aufrecht.

Das Becken hält die beiden Oberschenkelknochen in einem gewissen Spielraum und bewirkt, das der Fuß nicht einfach nach hinten zusammenklappt.

Das Gelenk ist dazu da, um den Körper standhaft zu halten.

Gelenke sind dazu da, um Knochen zu knicken.

Das Gelenk hat auf der oberen und der unteren Seite eine Art kugelförmigen Einlaß, wo der Knochen reinkommt.

Ein Skelett ist ein Mensch, der bis auf die Knochen abgemagert ist.

Die Bandscheiben verhindern, daß die Oberschenkelknochen das Becken zerreiben.

3.

SEXUALKUNDE

Männer und Frauen haben
das gleiche
dringende Bedürfnis

oder

Beim Sex herrscht eine starke
Reibefläche zwischen den Geschlechtern

Ehrlich gestanden, ich tue mir da unten einigermaßen schwer mit dem Reden.

Vor der Aufklärungswelle war der Geschlechtsakt eine Schweinerei, über die man nicht spricht. Heute ist sie erlaubt und macht Spaß.

Damals hat Oswalt Kolle mit seiner geschlechtlichen Aufklärung vieles in Bewegung gebracht.

Der Geschlechtslehrer Oswalt Kolle hat den Männern gezeigt, was sie mit ihren Frauen alles machen können, damit sie mehr Freude in der Liebe haben, und umgekehrt.

Die Geschlechtsteile braucht man in der Hauptsache für das Leben zu zweit.

Die Antibabypille spiegelt dem Kopf eine Schwangerschaft vor. Und der glaubt daran. Dann kann auch nichts passieren.

Bei den Frauen gibt es, im Gegensatz zu den Männern, die dort ihren Piephahn haben, in der Leibesmitte eine geheimnisvolle Öffnung, bei der man nicht so recht durchblickt.

Unterhalb des Nabels befindet sich beim Mann der sogenannte kleine Unterschied, der aber von Zeit zu Zeit durchaus größer werden kann.

Erst wenn ein Ei einen Sprung bekommen hat, kann sich das Kind im Bauch der Mutter weiterentwickeln.

Wenn beim Mann die Kräfte der Natur nachlassen, gibt es heutzutage Potenzmittel, die den Penis weit über sich hinauswachsen lassen.

Potenz haben nur Männer. Man kann sie sehen, wenn der Mann nackt ist. Bei Frauen ist nichts zu sehen.

Wenn ich soweit bin, nehme ich ganz bestimmt die Antibabypille. Bis nichts mehr passieren kann. Wenn man nämlich vorher damit aufhört, kriegt man vielleicht Drillinge oder noch mehr, weil dann der Hormonspiegel beunruhigt ist.

Zum Fortpflanzen ist der Mensch an bestimmte technische Voraussetzungen gebunden. Das ist vor allem beim Mann der Fall. Die Frau ist nicht an eine bestimmte Paarungszeit gebunden.

Im Laufe der Zeit haben die Forscher dann entdeckt, daß sich schon bei ganz kleinen Kindern allerhand rührt.

Die sogenannten Geschlechtsteile kann man nur zu zweit richtig benutzen.

Seit neuestem haben wir auch Sexualkunde. Da lernen wir interessante und wichtige Sachen für das Leben und die zukünftige Liebe. Ich habe dieses Fach auch besonders gern, weil man da keine Hausaufgaben kriegt.

4.

MANN UND FRAU = (GLEICH)?

Die Männer tun etwas, und
die Frauen denken sich ihr Teil.
Manchmal ist es auch umgekehrt

oder

Es gibt das männliche Geschlecht,
das weibliche Geschlecht
und das emanzipierte Geschlecht

Frauen bekommen in vielen Berufen für gleiches Tun weniger Geld als Männer, weil sie leichter zu haben sind.

Die Feministinnen wollen erreichen, daß in der Ehe die Männer und Frauen die gleichen Funktionen haben. Mein Vater sagt, er glaubt nicht, daß er das lange durchhält.

Die Frauen nahmen sich jetzt alle ihre Rechte und erkämpften auch neue. Dadurch nahmen sie in den letzten Jahren an Gewicht zu.

Wir Frauen haben es ziemlich schwer und sind eigentlich beschissen dran. Erst müssen wir abends immer zu Hause bleiben, weil wir Kinder sind. Dann müssen wir zu Hause bleiben, weil wir keine Kinder mehr sind. Und dann müssen wir zu Hause bleiben, weil wir Kinder haben und dann sind wir zu alt.

Bei den frühen Menschen herrschte das Mutterrecht, das heißt, die Väter hatten damals noch weniger zu sagen als heute.

Früher haben die Frauen mit der Heirat ihren Namen und ihre Unschuld verloren, später nur noch ihren Namen und jetzt dürfen sie den auch noch behalten, wenn sie wollen.

Die Frauenbewegung hat es fertiggebracht, daß das Geschlecht kein Hindernis mehr ist.

Seit vielen Jahrtausenden bestehen zwischen Frau und Mann gewisse Unterschiede.

Ein Mann hat viele weibliche Eigenschaften in sich und eine Frau männliche. Aber äußerlich sind sie trotzdem verschieden und das wird wahrscheinlich auch so bleiben.

Heute sind Frau und Mann gleichberechtigt. Der Mann darf tun, was er will, und die Frau darf auch tun, was er will.

Emanzipierte Frauen tanzen nicht mehr nach der Pfeife der Männer, sondern machen ihre eigenen Seitensprünge.

Durch die Gleichberechtigung kann jetzt die Frau alles machen, was vorher nur die Männer konnten.

Die emanzipierte Frau weiß jetzt, daß Männer das schwache Geschlecht haben.

Zuerst hatte das Matriarchat das Sagen, dann das Patriarchat und jetzt das Sekretariat.

Die Gleichberechtigung hat die Frau den Männern völlig gleich gemacht. Aber an vielen Stellen gibt es noch immer erhebliche Unterschiede. Aber im Laufe der Zeit wird das sicher auch noch verschwinden. Man muß nur fest daran arbeiten.

Die Männer haben primäre Geschlechtsmerkmale, die Frauen sekundäre Geschlechtsmerkmale.

Frauen sind in den letzten Jahrzehnten schwerwiegende Teile unserer Wirtschaft geworden.

Mann und Frau lassen sich schon von außen her auf einen Blick unterscheiden. Da sind zunächst einmal die Haare, sie sind beim weiblichen Geschlecht länger, obwohl das heutzutage manchmal schwer zu erkennen ist, vor allem von hinten.

Durch die Gleichberechtigung ist die Frau auch im Beruf zur Nebenbuhlerin geworden.

Es hat sich herausgestellt, daß der Unterschied zwischen Mann und Frau doch nicht so groß ist wie ursprünglich angenommen. Deshalb wurde er durch das Grundgesetz vollends abgeschafft.

5.

DIE EHE

Wenn man verheiratet ist,
dann ist auch der sexuelle Beischlaf
amtlich genehmigt

oder

Eine richtige Ehe besteht aus
dem Mann und seiner besseren Hälfte

Der Grund für eine Ehe ist meistens ein unhaltbarer Drang nach einem Zusammenleben zu zweit.

Bei einem Ehepaar sind beide aus einem anderen Geschlecht.

Bevor sie heiraten, müssen Mann und Frau gründlich prüfen, ob sie mit allen wichtigen Teilen zueinander passen.

Eine Ehe ist aber auch deshalb recht nützlich, weil man darin die menschlichen Beziehungen ungestört ausüben kann.

Auf dem Standesamt ging es sehr feierlich zu. Während ein älterer Mann im Hintergrund leise orgelte, vollzog der Standesbeamte an meiner Schwester die Ehe.

Ein Mann sollte erst heiraten, wenn er genug Geld verdient, um sich auch andere wichtige häusliche Gegenstände anzuschaffen.

In der Ehe muß man die Pflichten ausüben, sonst wird die Frau böse.

Wer heiraten will, muß gesund sein und verschiedenerlei Geschlechter haben.

Künftige Ehepaare werden vierzehn Tage lang in einem Schaukasten am Gemeindeamt ausgestellt.

Eine Ehe schließt man auch, um Kinder zu haben. Aber oft sind auch zuerst die Kinder da, unter deren Druck dann die Ehe zustandekommt.

Bevor eine Frau heiratet, sollte sie erst mal ihr eigener Herr in ihren eigenen vier Wänden sein, dann kann sie hereinlassen und rausschmeißen, wen sie will und wann sie will.

Das Zusammenleben ohne Trauschein bezeichnet man in südlichen Gegenden Deutschlands als »Wilderer-Ehe«.

Eine Verbindung ohne den Trauschein das ist doch wie ein Fisch ohne Wasser.

Bei uns soll mein Mann nicht immer sagen, was er will. Ich muß auch etwas sagen. Mein zukünftiger Mann soll nicht immer recht haben. Ich muß auch mal oder unsere Kinder.

Mein späterer Mann soll auch meine Freundinnen mögen, aber er soll ja nicht mit ihnen flörten.

Mein Mann, den ich heirate, muß gut aussehen und sauber sein und darf keine Schlampe sein.

Mein zukünftiger Mann muß nicht ein Gigolo sein. Manchmal muß er nicht wichtig sein, sondern einfach.

Ich wünsche mir für mich den idiellen Mann. Er darf nicht rauchen, nur alkohollose Getränke trinken und ich muß immer wissen, wo er hingeht. Wenn er das nicht tut, werde ich andere Seite aufziehen.

Mein zukünftiger Mann soll etwas groß und normal sein. Ich will, daß mein Mann 60 Kilo wiegt. Und wenn ich arbeiten muß, muß er auch arbeiten gehen.

Meine zukünftige Frau muß schön sein. Sie muß Motorräder gern haben und Fußball. Sie muß hellbraun sein und eine Figur haben.

Meine zukünftige Frau muß schöne Haare und Augen haben. Sie muß einen großen Hund und eine Katze mögen. Die Kinder müssen nur Knaben sein.

Wenn ich einmal ein Ehemann bin, dann will ich auch einmal meinen eigenen Willen haben. Nicht so wie mein Schwager, mit dem meine Schwester macht was sie will. Mein Vater sagt immer, der ist schon jetzt ein richtiger Kartoffelheld.

Mein zukünftiger Mann soll nicht arbeiten, wenn er nicht will. Aber Geld soll er verdienen.

Ich denke nicht ans Heiraten. Aber wenn ich 33, 35 Jahre alt bin, heirate ich vielleicht eine Frau. Was nachher kommt, weiß ich nicht.

Meine zukünftige Frau und ich, wir müssen etwas zusammen tun und nicht allein, aber ich bin am meisten Chef.

Für mich ist mein zukünftiger Mann wichtig und intelligent.

Wenn ich einmal verheiratet bin und es sich so ergibt, daß ich ein Kind kriege, ist es am besten, wenn mein Mann Hausmann ist und ich die Arbeiterin. Weil kleine Kinder scheißen dauernd in die Hose und machen alles kaputt. Andernfalls hole ich mir ein großes Kind aus dem Kinderheim.

Ich wünsche mir, daß ich bald heirate, damit ich was Vernünftiges zu tun habe.

Wird die Ehe später wieder geschieden, muß meistens einer der beiden Partner arg bluten.

6.

BERÜHMTE NAMEN

Weil er den ganzen Tag
hart gearbeitet hatte, wurde er
über Nacht berühmt

oder

Alle diese Leute, die wir jetzt
auswendig lernen müssen, haben
geschichtsträchtige Handlungen
hingelegt. Manche wußten nicht
einmal was davon

Der berühmte Mönch Berthold Schwarz hat als erster das Niespulver erfunden.

Kolumbus schiffte bis nach Amerika.

Fürst Metternich gründete zuerst die Heilige Allianz. Als die funktionierte, erfand er den Sekt.

Mit einem riesigen Sprung stürzte sich der Löwe auf Androklus. Plötzlich machte er mittendrin halt und leckte dem Sklaven das Gesicht. Die Römer hatten das Gegenteil erwartet.

Robert Koch hat die Tuberkulose erfunden.

Kolumbus wurde nicht ohne Grund dafür ausgewählt, Amerika zu entdecken. Bevor er dorthin lossegelte, hatte er bereits das Ei erfunden.

Kaiser Karl V. hatte einen goldenen Bullen.

Bismarck war der längste von allen deutschen Reichskanzlern.

Adolf Hitler wurde so verehrt, daß sie ihn überall aufhängten.

Man schlug Richard III. von New York den Kopf ab.

Alfred Brehm war Direktor im Zoo und erfand dort das Tierleben.

»Sicherlich Fernsehansager aus dem vorigen Jahrhundert ...«

Der griechische Philosoph Platon war entweder zu schüchtern oder er hatte keine Lust auf Frauen. Deshalb nennt man noch heute eine Liebesaffäre, bei der der Mann und die Frau nicht intim werden, platonisch.

Die Filmschauspielerin Marlene Dietrich ist vor allem deshalb so berühmt geworden, weil sie von Kopf bis Fuß auf Beine gestellt war und diese auch freigiebig gezeigt hat, wobei sie dazu sang.

Immanuel Kant ist einer der bekanntesten deutschen Philosophen. Berühmt wurde er vor allem durch die Erfindung des katholischen Imperativs.

Cicero war ein hervorragender Redner, und alle seine Vorträge hielt er in fließendem Latein.

Obwohl Mona Lisa nicht weiß, wo sie herstammt und auch nicht, wie ihr richtiger Mann heißt, zieht sie seit über 400 Jahren mit ihrem unergründlichen Lachen die Menschen in seinen Bann und ins Museum.

Dann traf Clara die Liebe zu Robert Schumann. Aus dem Zusammentreffen gingen acht Kinder hervor sowie die fortschreitende Geisteskrankheit von Robert.

Micki Lancelot (Michelangelo) war zu seiner Zeit ein berühmter Musiker. Den größten Erfolg hatte er mit seiner Sixtinischen Kapelle.

Lucrezia Borgia war so verdorben und lasterhaft, daß sie sogar den Papst Alexander zu ihrem Vater machte.

Die Jungfrau von Orléans machte einen großen Fehler, als sie mitten in der Entscheidungsschlacht einem englischen Soldaten das Leben schenkte.

Johanna war bereit, Tag und Nacht der französischen Armee zur Verfügung zu stehen.

Als Jeanne d'Arc bei lebendigem Leibe verbrannt wurde, waren die Franzosen sehr traurig. Nun hatten sie keine Jungfrau mehr.

Maria Theresia war eine vielbeschäftigte Frau, die sich um tausend Sachen wie Verwaltung, Regierung und Kriege gegen Preußen kümmern mußte. Trotzdem fand sie bei alledem Zeit, nebenher mit Hilfe ihres Gemahls noch sechzehn Kinder hervorzubringen.

Maria Theresia war fast ihr ganzes Leben schwanger, solange sie noch nicht zu alt dazu war. Sie bekam im Laufe der Zeit 16 Kinder. Dazwischen regierte sie mit energischer Hand Österreich.

Die Periode der Königin Elisabeth dauerte über 30 Jahre.

Als einzigen Schmuck trug die Prinzessin Diana ihren Ehering. Sonst hatte sie bei der Hochzeitsfeier nichts angelegt.

Sägt die doktrinären
Scheihser vom
Elterntrohn!!!

»— — —«

7.

DIE LIEBE FAMILIE

Eine Familie hält gegen die
anderen immer zusammen. Deshalb nennt
man sie auch Familienbande

oder

Eine richtige Familie besteht
aus mindestens einem Kind.
Kinderlose Eltern gelten nicht

In einer Familie kannst du finden, was du brauchst. In der Mutter kann man finden eine Krankenschwester, wenn du krank bist. Im Vater findest du den Richter, der alles, was du machst, mit Strenge beurteilt, aber dir auch einen guten Rat gibt. Mit den Geschwistern kannst du sprechen, wie du zu dir selber sprichst. Aber um alle diese Sachen in einer Familie finden zu können, mußt du viel Kontakt mit ihr haben.

Eine Familie ist Eltern und ihre Kinder.

In einer Familie muß es Eltern haben und auch Kinder und junge Leute. Das wichtigste ist, es macht nichts, wenn eine Familie reich oder arm ist, sondern sie muß viel Verständnis und Liebe haben.

Meine Familie sind wenig, aber wir sind zufrieden.

Meine Familie sind meine Mutter und mein Vater. Meine Mutter habe ich am liebsten. Mein Vater ist auch gut. Aber manchmal nicht. Manchmal ist mein Vater dreist zu mir.

Ich glaube, daß eine Familie eine Gruppe von Personen ist. Vielleicht sind die Gruppe 4, 5, 6, 7, 8 oder 20 Personen, das geht auch. Aber diese 20 Personen oder mehr müssen auch Verständnis zwischen ihnen haben. Es ist das beste, wenn die Eltern ein bißchen Psychologie haben.

In meiner Familie sind wir 6. 2 sind in Spanien und 4 sind hier ... Meine Mutter hat einen nervösen Charakter. Mein Vater hat einen besseren Charakter.

In meiner Familie gibt es verschiedene Charakter, aber ein Defekt vereint alle: Wir sind alle stolz.

In einer Familie müssen Vater und Mutter sein. Sie müssen gute Beziehungen haben.

Während ich mehr nach meinem Vater aussehe, gleicht meine Schwester mehr meiner Mutter. Dies betrifft vor allem das Geschlecht.

Eine Familie ist, wenn die Eltern Vernunft mit den Jungen haben.

Von mir zu Hause, von meinen Eltern und meinen Schwestern gibt es nichts zu erzählen. Bei uns geht es immer ziemlich gewöhnlich zu.

Eltern müssen ihren Kindern alles beibringen, essen, trinken, laufen, lernen, nicht lügen und so weiter und sie so ins Leben führen. Das alles zusammen nennt man Fürsorge.

Eine Familie ist, wenn die Kinder nicht Streit machen.

8.

VATER UND MUTTER

Eine Frau ist frühestens
nach der Geburt eine Mutter

oder

Der Vater ist das Familienoberhaupt.
Als solches darf er nie den Kopf verlieren

Mein Vater schimpft immer, weil meine Mutter so viel Geld verbraucht. Er sagt, als er sie geheiratet hat, war sie noch nicht so ausgiebig.

Mit meinem Vater haben wir viel Spaß. Er hat immer einen lustigen Scherz auf den Lippen. Er lacht auch, wenn ihm Sorgen auf den Nacken drücken. Dann ist er ein richtiger Galgenhumorist.

Meine Mutter ist eine schöne Frau und man sieht es ihr immer noch an, daß sie einmal jung war.

Neulich hat mich mein Vater fürchterlich verdroschen, weil er mich mit einem Porno-Heft erwischt hat. Er hat gesagt, so was schaut ein anständiger Mensch nicht an. Dann hat er sich hingesetzt und alles von vorne bis hinten angeguckt.

Erst als meine Mutter immer wieder sagte, daß sie allein nicht fertig wird, langte mein Vater bei ihr hin.

Am Wochenende läuft mein Vater immer herum wie der letzte Mensch. Er trägt eine ziemlich dreckige Cordhose, ein ausgefranstes Hemd und manchmal einen Pullover mit Löchern am Ellbogen. Aber sonst ist er ein vertrauenswürdiger Mensch.

Mein Vater schreibt nie Briefe, weil er sich nicht mit der Schreibmaschine versteht und seine Hand unleserlich ist.

Sonntags hängt mein Vater meistens auf dem Sofa herum und läßt sich bedienen. Er sagt, er hat keine Muttivation, sonntags auch noch was zu tun.

Meine Mutter ist die einzige weibliche Busfahrerin im städtischen Fuhrpark. Sie ist völlig unfallfrei, denn es ist ihr noch nichts Gefährliches ins Fahrgestell gekommen, weil sie immer aufpaßt beim Verkehr.

Nach dem Rasieren reibt sich mein Vater immer mit einem Afterschweif ein. Dann stinkt er arg.

Meine Mama will wieder einen Mann heiraten. Dann bin ich traurig. Der macht sich dann ganz breit in ihrem Bett und ich muß weichen.

Die sogenannten Schundhefte hat mir mein Vater gestrickt verboten, weil ich sonst Sachen lernen täte, die er lieber für sich behält.

Mein Vater hat ein hartes Herz, wie meine Mutter sagt, weil das einzige Gefühl, das er zeigt, ist seine Nervosität.

Sonntags kocht meine Mutti immer besonders gut. Mein Vati kann es dann kaum aushalten und schleicht immer wieder in die Küche und sagt: »Ha, ich muß mal probieren, wie Mutti schmeckt«, und dann grabscht er bei ihr. Wenn ich das auch will, schmeißt sie mich hinaus.

Mein Vater hat mir verboten, Schund- und Pornohefterl zu lesen, weil das Dinge erweckt, die besser unter uns bleiben.

Meine Mutter hat eine sehr kleine Schrift, die sehr eng aneinanderhängt. Wenn sie einen Brief schreibt, spart sie viel Platz. Meine Schrift ist dafür großartig und ausschreitend. Ich brauche mindestens drei- bis siebenmal so viel Platz.

Ich kann meinen Vater nicht beschreiben, weil ich ihn nicht so gut kenne, ebenso meine Mutter und meine Schwester.

Eigentlich wollte ich von zu Hause weglaufen, aber dann habe ich es mir anders überlegt. Weil mein Bruder gerade beim Bund ist und auch nicht da, dann wären mein Vater und meine Mutter Stroheltern.

9.

BRUDER UND SCHWESTER

Immer wenn meine Eltern ausgehen wollen,
muß ich meines Bruders Hüter sein

oder

Meine Schwester lügt wie gedruckt.
Man kann ihr nicht einmal glauben, was
man selbst sieht

Meine Schwester trägt Perlonstrümpfe, die bis in die Taille gehen.

Meine Schwester wird im nächsten Monat ihren zukünftigen Mann heiraten. Bereits jetzt hängt sie voller Geigen und sagt, bald wird sie den siebten Himmel fühlen.

Meine Schwester ist sehr krank.
Sie nimmt jeden Tag
eine Pille, aber sie tut das
heimlich, damit sich unsere
Eltern keine Sorgen machen

Ich gab meiner Schwester ein absolutes Schweigeverbot, damit sie meinen Eltern ja nichts von der Sache sagte.

Meine Schwester ist viel kleiner als ich, obwohl sie meine große Schwester ist. Sie zieht immer Schuhe mit ganz hohen Absätzen an, damit sie stöckelnd über sich hinauswächst.

Als meine kleine Schwester auf die Welt kam, wurde ich immer hinter sie geschoben. Sie durfte überall mitreden, obwohl sie noch nicht einmal sprechen konnte.

Mein Bruder hat zwei gierige braune Augen. Links und rechts am Kopf stehen ihm zwei große Ohren ab. Sein kurzer Hals kommt gleich aus dem Kragen. Seinen abrasierten Schnauzer sieht man kaum. Seine Lippen geben wenige Worte von sich. Aber zu Weihnachten und zu meinem Geburtstag macht er mir immer schöne Geschenke.

Meine Schwester ist von weiblichem Geschlecht, was nicht leicht zu übersehen ist.

Meine Schwester hat letzte Woche ihren Mann geheiratet.

Meine Schwester hat einen italienischen Freund. Er sieht sehr gut aus und ist immer sehr leschär angezogen: offenes Hemd und Hose.

Neben meinem Bruder habe ich auch noch eine Schwester. Sie ist schon viel älter als ich und riecht unheimlich gut. Ich könnte am liebsten den ganzen Tag an ihr herumschnüffeln.

Meine Schwester ist noch so klein, daß sie noch kein richtiger Mensch ist. Sie liegt den ganzen Tag herum und brüllt die meiste Zeit. Mehr ist dazu nicht zu sagen.

Wir haben unsere Katze Putzi sterilen lassen, damit sie nicht dauernd Junge kriegt. Meine Schwester will das jetzt auch tun, weil sie auch keine Kinder haben will.

Meine Schwester ist klein, aber zum Ausgleich ziemlich dick. Sie hat immer einen fröhlichen Scherz auf den Lippen, der uns ein brüllendes Gelächter entlockt.

Weil meine Schwester einen Vogel hat, bekomme ich keine Katze.

Mein neues Schwesterchen gefällt mir sehr. Aber daß sie immer brüllt, gefällt mir nicht so sehr. Schade, daß sowas nicht leise zu kriegen ist.

Meine Schwester hat jetzt einen Ackademiker zum Freund. Meine Mutter sagt ihr dauernd, daß sie den bloß heiratet, weil dann wenigstens einer in der Familie was besseres ißt.

Von meiner Schwester bekam ich eine Sparbüchse. Sie ist ein dickes Schwein und hat einen Schlitz auf dem Rücken. Als ich sie schüttelte, klapperte es in ihr schon erwartungsvoll.

Meine große Schwester hat gesagt, ich soll draußen bloß nicht alles herumerzählen, was bei uns los ist, sonst bekommt unsere Familie einen schlechten Geruch.

Mein kleiner Bruder ist erst drei Jahre alt, aber er wird laufend älter.

Meine kleine Schwester Bärbel heult ganz arg oft. Meine Mutter sagt, sie ist halt zart beseitigt.

Meine Schwester schläft für ihr Leben gern, egal wo und bei wem. Vor allem Samstag- und Sonntagsvormittags ist sie lange bettlägerig.

Die Nase von meiner Schwester ist unheimlich stups.

Meine Schwester hat immer viele Verehrer. Nach vielem hin und her hat sie endlich ihren längsten Freund geheiratet.

Mein Bruder verdient sich nebenher manche schnelle Mark, indem er in der ganzen Nachbarschaft bei suchenden Frauen für die abwesenden Männer einspringt und notwendige Sachen erledigt.

Ich habe eine Schwester. Sie ist ziemlich viel älter als ich. Sie ist schon wie eine richtige Frau, äußerlich ist wenigstens alles da, was man dazu braucht. Deshalb hat sie auch ein eigenes Zimmer. Das braucht man, wenn man erwachsen wird, sagt sie. Ich habe noch kein bißchen Busen, deshalb muß ich noch mit meinem Bruder schlafen.

Vor drei Monaten hat mein Bruder geheiratet. Seither macht er einen sehr befriedigten Eindruck.

Ich habe eine ältere und eine jüngere Schwester, wovon die ältere auch als solche im Krankenhaus arbeitet. Wenn sie nach Hause kommt, riecht man es noch immer.

Meine Schwester ist mit meinem Schwager in einen Neubau gezogen. Dort haben sie sogar ein doppeltes Klo, in dem man sich auch duschen kann.

Meine große Schwester hat im Frühling ein Baby bekommen. Es ist ein kleines Mädchen. Sie hat sich sehr darüber gefreut und nun singt sie ihr jeden Abend Lieder vor, um sie einzuschläfern.

Meine Schwester hat viele Freunde. Manchmal, wenn sie die Erlaubnis hat, geht sie in die Disco und dort macht sie alles, was sie will, auch ihren Liebling sehen: nur weil ihre Eltern egoistisch mit ihr sind. Ich sage das, weil sie keine Freunde nach Hause bringen darf.

Meine Schwester verbringt unheimlich viel Zeit an ihrem Schminktisch, der voller Fläschchen und Pinsel und so Zeug ist. Hinterher sieht sie dann aber auch ganz toll aus. Sie wird oft gefragt, wie sie das macht. Aber ihr Geheimnis liftet sie nicht.

Meine Schwester hat einen heimlichen Liebhaber, weil sie den nicht zu uns nach Hause bringen darf. Ihre Mutter sagt immer: »Diese Probleme hat man nicht, weil das so besser ist.« Und wenn sie das sagt, sagt meine Schwester immer in seufzender Resignierung: »Ok Mutti! Ich verstehe dich, weil du immer in deiner Generation bist.«

Meine Schwester vertieft ihre Sprachkenntnisse laufend im Verkehr mit Italienern.

10.

DER AUFSATZ

Gegen sauer
ist kein Kraut gewachsen

oder

Die Bäume fahren im Frühling
aus der Haut

Als die Männer zurückkamen, waren sie steifgefroren. Sie standen um das prasselnde Feuer und wärmten ihre Glieder.

Er jagte den Feind den ganzen Tag, bis er ihn in einem schmalen Seitental in die Enge getrieben hatte. Dort machte er ihm den Ganz- und Garaus.

Der Gutsbesitzer hatte sein scharfes Auge auf die Frau des Jägers geworfen, die ein scheues Reh war.

So ungefähr in der Mitte ihrer Rede kommt Luise zum Höhepunkt.

Er sah in ihm seinen großen Lehrmeister und er verließ dem sein Haus nie, ohne etwas Wertvolles mitgenommen zu haben.

Der Mann stemmte sich gegen das Tor. Aber das Wasser hatte einen solchen Druck, daß er es bald nicht mehr halten konnte.

Der Besitzer der Burg war von uraltem Adel. Sein Geschlecht war schon vor vielen Jahrzehnten ausgestorben, und er selbst war auch ziemlich betagt.

Jetzt gab es für ihn nur noch die allerletzte Möglichkeit. Er ließ sich vor die Königin bringen, erzählte ihr alles von vorne und hinten und schloß seine Rede mit: Und nun setze ich mich mit viel Hoffnung auf Sie.

Als der Jäger den dicken Bauch der vermeintlichen Großmutter sah, da wußte er gleich, was passiert war.

Mein Bruder und seine Frau wünschen sich dringend ein Kind. Aber bis jetzt haben sie es noch nicht fertig gekriegt. In der letzten Woche haben sie sich von einem Arzt behandeln lassen und jetzt sind beide guter Hoffnung.

... da fiel mir ein großer Stein von der Brust.

Viele Jugendliche trauen sich nicht, ein Mädchen, das ihnen gefällt, anzusprechen. Dann trinken sie Alkohol und lassen sich vollaufen. Dann trauen sie sich, aber sie können nicht mehr richtig sprechen.

Da nahmen wir die Gelegenheit gleich fest.

Wenn man achtzehn ist, kann man alles selber sagen, was einem nicht paßt.

Meine Mutter hat den ganzen Tag im Garten gearbeitet. Vor allem hat sie sich um das viele Unkraut gekümmert, das ihr ziemlich zu schaffen machte. Als es dunkel wurde, hatte sie alles ausgezogen.

Schon im Mittelalter wurde hier kräftig dem Wein zugesprochen. Und Theodor Heuss, der tote Bundespräsident, und Martin Luther prosteten sich hier fröhlich zu.

In den Vitrinen drin funkelten die Diamanten um die Wette. Draußen die Augen der Frauen.

Als wir zurückkamen, lag die herrenlose Damenjacke immer noch auf der Sitzbank.

Er saß da und überlegte. An der Sache war was faulig, da war doch ein Suppenhaar drin! Aber welches?

Am Ende der Wanderung waren wir so müde, daß wir die letzten Meter nur noch schlürften.

Unter unseren ganzen Nachbarn ist kein Hund.

Erst nachdem wir ihn lange drum gebettelt hatten, ließ er einige fahren.

Geld ist unheimlich ungesund, weil es wimmelt von Bazillen, sagt meine Mutter. Sie weiß das genau, weil ihr das Geld nur so durch die Finger rinnt. Sie ist seit zehn Jahren Kassierer auf der Sparkasse, wo sie den ganzen Tag Geld ausgibt. Manchmal nimmt sie auch was ein.

Letzte Woche habe ich meine erste Reitstunde gehabt. Obwohl das Pferd nur Heu gefressen hatte, war es so hart, daß mir hinterher alles weh getan hat.

In der Stammkneipe meines Vaters gab es eine böse Schlägerei wegen der hübschen Bedienung, die auf der Straße weiterging.

In der Bibliothek stehen alle Bücher an den Wänden und kehren einem den Rücken zu.

Durch die Gastarbeiter hat sich die Bevölkerung von Rottenburg im letzten Jahr um fast fünfhundert Personen vermehrt.

Die Mitglieder vom Roten Kreuz widmen sich ganz der Liebestätigkeit. Die meisten tun es umsonst, nur die, die es beruflich tun, bekommen Geld dafür.

»Ich habe alle Hände voll zu tun«, sagte der Bürgermeister der Stadt. So reichte er dem Besucher auch keine, die der hätte schütteln können.

Wenn der liebe Gott auch das Wetter macht, bringt er oft etwas durcheinander. Ich kenne das von meinem Opa, und Gott ist ja noch viel älter. Deshalb stimmt auch der Wetterbericht oft nicht.

Meine Eltern und ich sind im Frühling aufs Land gezogen, weil wir in der Großstadt keine tragbare Wohnung gefunden haben.

11.

DEFINITIONEN

Defloration kommt aus dem Lateinischen
und bedeutet, wenn
eine Jungfrau am Geschlecht verblüht

oder

Bigamie ist, wenn man
mit einer Frau nicht auskommt.

Eine Kettenreaktion ist, wenn man beim Radfahren nach hinten tritt und es dann bremst. Manchmal, wenn man zu stark tritt, kann die Kette auch reißen, dann reagiert sie nicht mehr.

Das Orakel von Delphi war eine weise Frau, die zweideutige Antworten gab.

Ein Einzelfall ist meistens etwas sehr Seltenes.

Zyklopen waren Menschen, die am Kopf dort, wo andere nichts haben, ein Auge besaßen.

Ein gleichschenkliges Dreieck ist ein Dreieck, das immer gleich lang ist, egal von welcher Seite man es betrachtet.

Die Sirenen waren ein Frauenchor, der sang, um damit vorüberreisende Männer umzubringen.

Trikolore nennt man eine Frau, die drei Männer hat.

Kommunismus ist, wenn jeder von jedem genug hat.

Es gibt Menschen, die wo ein Gelübde machen für das ganze Leben. Die nennt man dann Märtyrer.

Die Erinnyen waren häßliche griechische Weiber, die noch mehr Haare auf der Zunge hatten als alle anderen Frauen zusammen.

Eine Girlande ist, wenn man einem etwas vor die Tür macht.

Für den Menschen ist es jedesmal ein einmaliges Ereignis, wenn er stirbt.

Eine Null ist nichts und hat keinen Wert. Nur auf den Geldscheinen hat man was von ihr, wenn sie nach einer Zahl auftritt.

Eine Hängematte besteht aus vielen Löchern, die mit festen Stricken miteinander verbunden sind.

Ein Reflexe ist, wenn mir der Rolf gegen das Schienbein tritt und ich haue ihm dann auf die Nase.

Defizit ist, wenn man weniger als nichts hat.

Das Ei war klüger als Kolumbus.

Jodeln, das ist der schnell auf- und abgehende seltsame Gesang der Tiroler und anderer Süddeutscher, der aus der Brust kommt und ins Falsett geht.

Die Straßenverkehrsordnung ist die beste Verhütungsvorschrift für den Verkehr.

Ein Kreis muß überall rund sein, auch da wo er sonst Ecken hätte.

Bei den Menschen nennt man die Dressur Erziehung.

Wenn sich jeder denkt, was er für richtig hält, nennt man das Interpretation.

Jeder Prozeß ist eine Kraftprobe zwischen Staats- und Rechtsanwalt. Es geht nicht um den Angeklagten, sondern darum, wer den Prozeß gewinnt.

Der Urwald ist ein Ort, wo die Hand des Menschen niemals richtig Fuß faßt.

Das Rechteck ist ein Viereck, das in jeder Ecke einen rechten Winkel hat. In besonderen Fällen sagt man zu dem Rechteck auch Quadrat.

Eine Halbinsel ist eine Insel, die noch nicht ganz fertig ist.

Mikroben heißen so, weil man sie nur durch das Mikroskop sehen kann.

Ein Kreis ist ein rundes Quadrat.

Das Quadrat ist gleich groß, wenn nicht, ist es ein Rechteck.

Ein Kreis ist eine runde Linie, bei der man nicht weiß, wo sie anfängt.

Ein Balkon ist ein nach drei Seiten offener Raum, der an einer Hauswand angebracht ist. Die vierte Seite kann man von innen abschließen.

Ein Vokal ist das Gegenteil von einem Konsonanten.

Senioren sind Leute, die nicht mehr arbeiten und immer älter werden. Solange sie arbeiten, sind sie Junioren.

Hexameter ist die Maßeinheit, in der man Verse mißt.

Mit den Zahlen löst man Rechenaufgaben. Mit den Ziffern liest man die Uhr ab. Deshalb heißt es bei ihr auch Zifferblatt und nicht Zahlenblatt.

Defizit ist, wenn man weniger als nichts hat.

Ein Kreis ist eine Linie, die immer gleich weit von der Mitte weg ist.

Die Erinnyen sind so bösartige Weiber, daß ihnen Giftschlangen aus dem Körper wachsen, wo andere Frauen Haare haben.

Erwachsen ist, wenn oben nichts mehr dazukommt.

Wenn ein Kreis nicht rund ist, ist es eine Ellipse.

12.

UNSERE ZUKUNFT

»Was nicht ist, kann ja noch werden«,
sagte das kleine Mädchen in dem großen Bikini
zu dem großen Mädchen in dem kleinen Bikini

oder

Mit den Worten »Und wenn heute die Welt
unterginge, würde ich morgen noch ein
Apfelbäumchen pflanzen« hat Martin Luther
zu Beginn der Neuzeit seinen Glauben an
unser aller Zukunft ausgedrückt

Ich möchte später einmal Wettertheologe werden und im Fernsehen den Leuten die Sattelitenkarte erklären.

Später will ich einmal viel Geld verdienen. Ich studiere Gerechtigkeit und werde dann Sündikuß wie mein Vater.

Geld ist wichtig im Leben. Damit ich später viel davon habe, gehe ich einmal in die Börsen und werde ein gerissener Spekulatius.

Später will ich ein berühmter Koch werden. Aber bis dahin muß ich mich gründlich in Nahrung und Genuß ausbilden.

Mein Vater ist schon seit zwanzig Jahren in der städtischen Verwaltung tätlich. Auch mein Bruder hat sich in dieser Hinsicht ausgebildet und wartet auf seinen Einsatz. Ich werde auch diesen Spuren folgen.

Was ich später einmal für einen Beruf ergreife, weiß ich noch nicht. Immer mehr Männer werden ja von Maschinen ersetzt und ich weiß noch nicht, ob ich da auch dabei bin.

Ich werde mir einen verdienstvollen Beruf wählen, damit ich mir alles kaufen kann, was ich will.

Natürlich will ich von meiner Familie ausziehen, sobald ich erwachsen bin. Aber daß ich dann nicht so allein bin, werde ich mich mit meiner ganzen Liebe auf meine Freundin legen.

Was die Zukunft betrifft, mangelt es stark an fehlender Aufklärung.

Mein Vater ist ein unfallfreier Taxifahrer, dem auch von fremder Seite noch nie jemand ans Blech ging. Später werde ich mir auch eine Konzeption geben lassen und mein Geld im Sitzen zu verdienen.

Mein zukünftiges Leben liegt noch lange vor mir.

Später werde ich auch einmal meine Memoiren aufschreiben. Aber erst muß ich einmal welche machen.

Ich hoffe ganz arg toll, daß es in Zukunft klappst.

Wenn man erwachsen wird, darf man nicht mehr mit den Eltern am Tisch sitzen und ein lästiger Mitesser sein.

Wenn ich die Schule hinter mir habe, werde ich Entwicklungshelferin. Ich fahre dann zu den Frauen in Afrika und lerne, wie sie Kinder pflegen und kochen.

Die Menschen von heute müssen sich dringend mit der Zukunft befassen, denn sie liegt unmittelbar vor uns.

Seit der neuen Regierung blickt auch die Industrie wieder mit gewinnbringenden Augen in eine aufsteigende Zukunft.

13.

AUS DER GESCHICHTE

Der Historiker schreibt genau auf,
was bei uns und den anderen
hinten rausgekommen ist

oder

Das Fallbeil der Gülletiene
schreckte auch vor Großkopferten nicht
zurück und machte sie Hals über Kopf
um denselben kürzer

Viele Eltern wollen, daß ihre Kinder das werden, was sie nicht geworden sind, und sind dann enttäuscht.

Für den Unternehmer ist die Schwangerschaft der Frau genauso lästig wie der Wehrdienst des Mannes. Vielleicht noch mehr, weil viele Frauen nach der Geburt keine Lust mehr haben, aber von Gesetz wegen noch ihr Geld kriegen.

Wer eine eigene Firma gründen will, muß viele Gesichtspunkte abwiegen, bevor er damit handeln kann.

Mein Vater ist Fahrer. Er macht das schon seit zwölf Jahren. Er hat große Erfahrungen im Autobus gesammelt. Deshalb ist er im Verkehr auch ohne Bums und üble Folgen geblieben.

Lauthals brachte eine wortschnelle Dame ihre Strumpfhosen an den Mann.

Mittwochnachmittags haben alle Ämter und Behörden geschlossen. Da kann man nirgends sein Geschäft erledigen und sei es noch so dringend. Da bleibt einem nichts anderes übrig, als es bis zum nächsten Morgen zurückzuhalten.

17.

DER ALLTAG

Wer den ganzen Tag schafft,
spürt die Welt in allen Gliedern

oder

Das Fruchteis vom Sarcletti
ist warm zu empfehlen

An vielen Ecken in der Stadt stehen Gemüsehändler und machen dort ihr großes Geschäft. Manchmal aber auch nur ein kleines.

Neulich wollten meine Eltern ein eigenes Haus bauen. Als sie aber die Rechnungen angeschaut haben, sind sie wieder in Abstand davon getreten. Mein Vater hat gesagt, diese gastronomischen Preise können wir nicht bezahlen, da bluten wir ja noch, wenn wir schon lange tot sind.

Ich habe meine Schwester jeden Tag gelöchert, aber sie wollte das Kind nicht aus dem Sack lassen.

Die Gemüsefrauen decken bei sich alles zu, damit ihre schönen Sachen nicht schlapp werden.

Auf dem Friedhof liegen die Gestorbenen begraben, die dort ihre letzte Ruhe gefunden haben. Aber auch andere Menschen werden dort beerdigt. Fast jeden Tag findet eine Leiche statt. Bei offenem Fenster können wir hören, wie sie singen.

Meine Mutter sah mich mit vorwurfsvollem Ton an.

Das meiste bringt der Postbote umsonst ins Haus, nur wenn er Nachnamen abliefert, müssen wir dafür bezahlen.

Da rast man nach Feierabend noch schnell ins Geschäft und bleibt erschlagen vor den mannshohen Regalen stehen.

Meiner Mutter fiel ein großer Stein von der Brust.

Über uns wohnt ein alter Rentner. Er befindet sich Tag und Nacht in einem dunkelkrünen Anzug, der nicht einmal Sonntags zur Ruhe kommt. Er redet mit niemand, dafür um so mehr mit sich selbst.

Meine Schwester dagegen kann jederzeit einen Kredit aufnehmen, weil sie ein festes Verhältnis hat.

Während wir zum Essen am Tisch sitzen, muß unser Boxer Harras brav darunter bleiben, und darf sich ja nicht unterstehen zu betteln. Aber nachher geht er mit Mutter in die Küche und frißt die Reste von ihr.

Auf das Formular mußten wir laut und deutlich unsere Namen schreiben.

Wenn meine Mutter große Wäsche hat, helfen wir ihr, legen sie in den Korb, tragen sie auf den Speicher und hängen sie auf.

Wenn unsere Nachbarin mit mir spricht, muß ich immer meine Nase von ihr wegdrehen, weil sie so einen üblen Leumund hat und aus dem Hals riecht.

Unser Pfarrer hat gesagt, wir sollen jeden Tag eine gute Tat tun. Jeden Tag habe ich keine Zeit oder keine Lust. Aber so zweimal bis dreimal in der Woche stehe ich jetzt der Frau Kessler zur Verfügung. Meistens hat sie keine großen Ansprüche und ich habe sie schnell fertiggemacht. Daran sehe ich immer, wie leicht es ist, eine alte Witwe glücklich zu machen.

In diesem Monat war schon dreimal der Gerichtsvollzieher bei uns und hat seinen Kuckuck hinterlassen. Ich bin schon ganz verzweifelt, was er das nächste Mal wegnehmen wird. Aber meine Mutter sagte, auf gewisse Teile von ihr darf er seinen Kuckuck nicht kleben.

Ich kriege bloß fünf Mark Taschengeld in der Woche. Diese Summe kommt nicht mit mir aus.

Wir haben uns umgezogen und sind jetzt in der Blütenstraße häuslich.

Seit meine Schwester ihren neuen Freund hat, wirft sie ihm immer schmachtvolle Augenblicke zu, sobald sie nur einen Zipfel von ihm sieht.

Eigentlich wollte meine Schwester nach Hamburg ziehen und dort eine bessere Stellung annehmen. Aber ihr Freund hat sie so lange bedrängt und geliebt, daß sie schließlich nicht mehr gehen konnte.

Mein Vater schimpft immer mit meinem Bruder, daß er sein ganzes Geld sinnlos verpraßt, obwohl er gar keines hat.

Im Gegensatz zum Supermarkt wird man vom kleinen Geschäft noch persönlich befriedigt. Da zeigt es sich, daß eine wissende Verkäuferin hilfreiche Hand anlegen kann, wenn man es nötig hat.

Unsere Pflanzen holen wir jedes Jahr frisch beim Gärtner, der sie selber zieht. Er hat dafür ein eigenes großes Zuchthaus.

Wir wollen neben unser Haus eine Garage bauen, aber bis jetzt ist die Genehmigung in der Behörde noch in abwartender Haltung.

18.

ERKENNTNISSE

Der Schein trügt,
wenn er gut nachgemacht ist

oder

Nur Kamele gehen durch ein Nadelöhr

Wenn ich die Vor- und Nachteile abwiege, sehe ich deutlich, wie verschieden sie sind.

Das Auffallende am Supermarkt ist, daß er eine große Auswahl von ein- und demselben Artikel hat.

Engländer sind vielseitig verwendbar. Mein Vater repariert mit ihm das verstopfte Waschbecken.

Der einzige, der ein Leopardenfell wirklich braucht, ist nämlich der Leopard.

Am besten bespricht man Probleme, bevor sie da sind. Dann lassen sie sich später um so leichter beiseiteräumen.

Bereits in der Wiege ist das Kind von der Umwelt umgeben, die es bis ins Alter begleitet.

Der technische Fortschritt bringt uns vieles, was wir sonst nicht hätten.

Eine der wichtigsten Eigenschaften der Entwicklung ist, daß sie immer weiter fortschreitet.

Ohne Adam und Eva würde es die anderen Leute nicht geben. Ihnen haben wir auch die Erbsünde zu verdanken. Alle anderen Sünden müssen wir uns selbst erwerben.

Im Frühling, wenn die Bäume ausschlagen und die Tage länger werden, sind die meisten Menschen wieder guter Hoffnung.

Wenn man nach New York telefonieren will, liegt dort die Zeit mindestens sechs Stunden zurück. Das liegt wahrscheinlich daran, daß Amerika nach uns entdeckt wurde.

Auch zwischen den Beinen muß man sich jeden Tag gründlich waschen, sonst wird das Schamgefühl gestört.

Wenn man zu arbeiten aufhört, geht es mit dem Altwerden immer weiter bergab. Erst ist man Rentner, dann Senior und zuletzt Greis. Manche werden noch älter. Man nennt sie dann Tattergreise.

Vor dem Gesetz sind alle Bürger gleich. Da ist auch das Geschlecht gleichgültig.

Im Frühling, der ersten der vier Jahreszeiten, schlagen die Bäume aus und die Menschen sich mit Erkältungen herum.

Bald ist der Computer unser wichtigstes Organ.

Das Glück ist etwas sehr Unsicheres. Mein Vater spielt schon seit fünf Jahren Toto und nie hat es uns überrascht.

An manchen Stellen ist das Meerwasser so salzig, daß die Fischer dort Salzheringe fangen können.

Zuallererst müssen die Menschen ihre Abgase besser zurückhalten.

Man darf nicht alles glauben, was die Leute über andere Leute so sagen. Viele Menschen sind nämlich besser als ihr Ruf, und zwar deshalb, weil ihr Ruf noch schlechter ist als sie.

Immer mehr Menschen bemühen sich jetzt, dem Energiesparen energisch zu Leibe zu rücken.

Ein durch sich selbst geteiltes Pferd kann nicht mehr stehen.

Wenn man achtzehn ist, braucht man keinen Vormund mehr, dann kann man alles selber aussprechen, was einem nicht paßt.

Das Problem mit den alten Leuten wird es wohl immer geben. Wenn auch viele Alte sterben, so wachsen doch immer neue nach.

Damit unsere Sprache nicht noch mehr militarisiert wird, müssen wir aufpassen wie die Schießhunde.

Wenn wir alle Umstände berücksichtigen, so können wir jetzt alle wieder guter Hoffnung sein.

Es geht nicht immer so, wie man will. Manchmal steht man direkt vor der Kehrseite der Medaille.

Wenn man vom Gericht eine Ladung bekommt, ist man verpflichtet, dort zu zeugen.

Die Konserven werden im Konservatorium hergestellt und bleiben so immer frisch.

Das Ei war klüger als Kolumbus.

Wenn es regnet, wird es naß. Aber nicht immer, wenn es naß ist, regnet es.

Leute, die austreten, finden schwer in die Gesellschaft zurück.

Wenn die Eltern sich nicht genügend um ihre Kinder kümmern, reißen sie große Lücken in die Seele, die nicht mehr gefüllt werden können.

Das Leben ist wie die Alpen, voller Höhen und Tiefen, Gipfel und Abgründe, mit sanften Hügeln und tiefen Spalten. Da muß der Lebenswanderer hindurch, von manchem Wettersturz durchnäßt.

Wenn es die Justiz nicht gäbe, wäre die Arbeitslosigkeit noch größer, denn allein das Amtsgericht Köln beschäftigt 500 Personen.

19.

DIE SCHULE

Was die Lehrer verdauen,
das essen die Schüler

oder

Kein Schüler ist von ganz alleine schlecht

Der Lehrer hat gesagt, er wird alles aus uns rausholen, was in uns steckt. Ja was haben wir dann noch?

Der Stuhl des Herrn Professors war dunkelbraun und weich.

Es gibt unterschiedliche Methoden, den Schülern das fürs Leben erforderliche Wissen beizubringen, entsprechend teilt man die Lehrer ein in Pedagogen und Ortopeden.

Mein Freund Martin ist nicht versetzt worden, weil er zu wenig Sitzfleisch hat.

Für den verschiedenen Unterricht brauchen wir auch verschiedenes Papier: entweder liniertes oder kastriertes oder leeres.

Unsere Biologie-Lehrerin schaute meinen Nebenmann auffordernd an. »Und du, Peter?« fragte sie ihn. Peter wurde knallrot im Kopf und schüttelte ihn. Da seufzte die Lehrerin verzweifelt, weil Peter auch nicht konnte.

Meine Schwester hat ein zufriedenstellendes Verhältnis mit ihrem Lehrer. Ich kann das von mir nicht behaupten.

Unsere Lehrerin stand vor der Tafel und zeigte auf ihre Kurven.

Am liebsten machen wir Bockspringen. Im Freien ist aber keiner da. Dann nehmen wir uns den Lehrer dafür her. Er ist aber kein guter Bock, weil er bald schlapp macht und umfällt. Es sind zu viele, die ihn auf einmal bespringen.

Ein Schuljahr ist eine arg lange Zeit, es kann sich über Monate hinziehen.

Bei uns fallen viele Stunden aus, weil die fehlenden Lehrer immer mehr werden.

Meine schmerzhafte Unfallhand zog sich so in die Länge, daß ich drei Wochen die Schule meiden mußte.

Als man die Computer fütterte, ging unser Lehrer leer aus.

Den Toni hat unser Turnlehrer besonders auf dem Kieker, weil er immer so langsam ist. Dann macht er ihn zur Schnecke.

Anschließend hatten wir eine große und manchmal laute Diskussion, bei der wir uns gegenseitig befruchteten.

Unser Herr Direktor sagte, das habe ihm die Sprache verschlagen und dann erklärte er uns ausführlich, daß er dazu nichts sagen will.

Nach den Ferien haben wir unser Klassenzimmer sauber geweißelt wieder betreten.

Weil meine Schwester in der Schule nicht alles zeigt, was sie hat, muß sie die Klasse noch einmal wiederholen.

Weil die Lehrer mangelhaft sind, fallen viele Schulstunden aus.

Viele Politiker und Lehrer und andere Erwachsene, die schon am Ruder sind, meinen mit dem Schulstreß sei das gar nicht so schlimm. Die haben leicht reden, die müssen ja nichts mehr lernen; wenn die mal nichts wissen, dann holen sie sich einfach einen Fachmann oder sie veranstalten einen Hering.

Meine Lieblingsfächer sind Geschichte und Biologie, weil man da erfahren kann, wie es die Menschen früher getrieben haben.

Der Aufzug unserer Schule ist nur Lehrern gestattet. Wir Schüler haben darin nichts verloren und deshalb auch nichts zu suchen.

Wir Kinder müssen in der Schule viel lernen, weil wir die zukünftigen Menschen von morgen sind, in deren Händen das Alter unserer Eltern liegt.

An Pfingsten bekommen wir sieben Tage Ferien, während es an Ostern nur eine Woche gab.

Den ersten halben Tag sitze ich in der Schule und muß aufpassen. Den zweiten halben Tag sitze ich zu Hause und mache Schulaufgaben. Und den abendlichen halben Tag sitze ich vor dem Fernseher. Ich weiß nicht, wann ich endlich mal was tun kann, was mir Spaß macht.

Als der Herr Direktor uns die Mitteilung machte, daß wir hitzefrei bekommen, brüllten wir vor Freude. Da schrie er, wir sollten gefälligst leise brüllen.

Schüler, die austreten wollen, können sich im Sekretariat die notwendigen Papiere geben lassen.

20.

UNSERE HAUSTIERE

Hunde haben zwei besonders gut
ausgebildete Sinne: das Schnüffeln
und das Beinheben

oder

Mein Bruder sagt dauernd blöder Hund
zu mir. Dabei ist unser Dackel Waldi
alles andere

Das Schaf erfreut uns auch nach seinem Tod noch mit dem lieblichen Klang seiner Gedärme.

Schafe dienen zur Wolle oder zum Käse. Wenn sie jung sind, auch zum Essen, aber da heißen sie noch Lamm.

Die Schafe sind besonders nützliche Tiere. Solange sie jung sind, dienen sie dem Essen, später macht man Pullover aus ihnen.

Die Ziege ist das einzige weibliche Säugetier, das einen Bart trägt.

Beim Züchter dürfen sich nur die besten Tiere einer Rasse kreuzen, gleichgültig, ob es Dackel, Kühe oder Vögel sind.

Leider bekomme ich keine Katze, weil meine Mutter einen Vogel hat.

Die Katzen haben alle Gefühle in den Schnurrhaaren.

Egal wo eine Katze herunterfällt, immer ist bei ihr da unten, wo sie ihre Pfoten hinhält. Deshalb kommt sie auch immer schnell auf die Beine.

Auf ein Pferd darf man nur von vorn losgehen. Wenn man von hinten kommt, tritt es aus.

Die Vorfahren von den jetzigen Rindern waren die Auaochsen.

Die Kuh ist für uns lebensnotwichtig.

Die Rindviecher sind die wichtigsten Tiere des Bauern. Sie bestehen aus dem Stier, der Kuh, dem Ochsen und dem Kalb. Das Kalb ist das jüngste und wird meistens geschlachtet und heißt dann Schnitzel. Der Stier muß für Nachwuchs sorgen. Die schönsten Kühe werden ihm dafür in die Arme getrieben. Die Kühe können sich den ganzen Tag auf den grünen Wiesen tummeln und müssen nur abends ihre Milch abliefern. Die Ochsen können weder das eine noch das andere, deshalb müssen sie arbeiten. Manche von ihnen haben Glück und müssen auch nur fressen und dick werden. Die nennt man dann Mastochsen. Sie schmecken mit Meerrettich besonders gut.

In der Landwirtschaft geht es heute anders zu als noch bei meinem Großvater. So geht der Stier jetzt nicht mehr auf die Kuh, sondern der Samen wird ihm von einer falschen Attrape abgenommen, und die Kuh wird künstlerisch besamt.

Vorher zermalmt die Kuh das Gras ein bißchen mit den Vorderknochen. Nach einer Weile kommt ihr das wieder hoch und sie kaut es jetzt sorgfältig durch.

Die Nahrung geht in den Labmagen und dann raus.

Die Kuh ist ein vielseitiges Tier: Sie gibt Milch, Butter, Käse, Schlagsahne, Rahm und Kalbfleisch.

Im Gegensatz zur Kuh kann man den Schweinen beim Kauen zuschauen.

Heute wird bei den Kühen eine künstliche Befruchtung vorgenommen. Das ist praktisch und billiger, weil da der Tierarzt, der den Stier ersetzt, gleich mehrere Kühe auf einmal hernehmen kann.

Die Kühe brauchen nicht viel Futter, weil sie alles zweimal fressen.

... er nimmt die Paktirien weg und übergibt es dem Blättermagen. Dort wird es ein wenig verdaut und in den Labmagen weitergeleitet, der es nach kürzerer Zeit der Kuh wieder aufstößt.

Kühe sind heutzutage nicht mehr so wichtig wie früher, vor allem in den Großstädten. Hier gehen wir in den Supermarkt und holen uns Tütenmilch. Die ist außerdem noch hygienischer.

Beim Huhn wird die Nahrung im Kropf verkariert, im Drüsenmagen durchnest, im Muschelmagen durch Drüsen gesäubert und im Dünndarm verdünnt, im Dickdarm verdickt und im Blinddarm von Bakterien befreit.

Eines der nützlichsten Tiere, das wir besitzen, ist das Schwein. Von ihm kann man alles verwenden, das Fleisch von vorn bis hinten, die Haut für Leder, die Borsten für Bürsten und den Namen als Schimpfwort.

Das Schwein trägt seinen Namen nicht umsonst.

Nach acht Monaten sind die Schweinejünglinge erwachsen.

Wenn junge Hunde das Licht der Welt erblicken, können sie das gar nicht. Sie sind erst mal blind. Erst später gehen ihnen die Augen auf.

Ein Hund frißt fast soviel wie ein Kind und läßt sich auch nicht mit Abfall abspeisen. Aber an der Kleidung spart er das wieder ein.

Viele Hunde gehen gern ins Wasser. Manche leben sogar immer dort, das sind die Seehunde.

Es waren fast alle Rassen vertreten. Zur Begutachtung mußten die Besitzer mit ihren Hunden vor die Jury treten, die meisten wedelten dabei freundlich mit dem Schwanz.

Die Bernhardinerhunde finden die Menschen auch unter tiefem Schnee, weil die Verschütteten riechen, wenn sie tot sind.

Zu meinem Geburtstag habe ich einen süßen kleinen Hund von meinen Eltern geschenkt bekommen, einen Erdölterrier.

Der Schäferhund mußte erschossen werden, weil er den Briefträger, den Hausarzt und andere Hunde gebissen hatte.

21.

DIE WILDEN TIERE

Die Giraffe hat so einen langen Hals,
daß sogar der Elefant einen kürzeren hat

oder

Der Tierpark Hellabrunn ist echt toll.
Da kann man Tiere sehen, die gibt’s gar nicht

Im Winter fahren viele Vögel in den Süden in Urlaub, weil es dort wärmer ist.

Teilweise fliegen die Vögel nach Afrika.

Singvögel führen ein ziemlich gefährliches Leben. Bei uns werden sie von der Katze gefressen, und wenn sie davonkommen und vor dem Winter nach Süden fliegen, werden sie von den Italienern erschossen und in die Pfanne gehauen.

Nicht alle Vögel können singen. Das hängt auch mit der Größe zusammen. Der kleinste bei uns, die Lerche, singt am schönsten, während der Pfau nur noch einen Koller herauskriegt.

Nach der Nachtigall singt die Lerche am schönsten und am höchsten in der Luft. Ihre Eier legt sie dafür am tiefsten auf die Erde. Die Raubvögel dagegen legen ihre Eier am höchsten hinauf, mit dem Singen ist es dafür bei ihnen nicht weit her.

Der Kuckuck legt seine Kinder einfach in andere Neste, um sich so die Miete zu ersparen.

Auf dem Dorf haben die Spatzen ein leichteres Leben. Dort finden sie oft wohlschmeckende Äpfel, die ihnen die Pferde voll Dampf hinterlassen.

Die Taube war ganz steif und hatte alle Viere von sich gestreckt.

Die Seidenraupen haben sich in der Neuzeit so weiterentwickelt, daß sie jetzt auch Kunstseide spinnen können.

Die Kartoffelkäfer sind ziemlich selten geworden. Aber wenn sie da sind, vermehren sie sich wie die Karnickel.

Die Schnecke hat eine Leimdrüse an der Fußsohle, somit kann sie an glatten Stellen nicht ausrutschen.

Schnecken sind besonders ängstliche Tiere. Wenn man bei ihrem Haus anklopft, ziehen sie sich sofort in dasselbe zurück, schlagen die Türe zu und verriegeln von innen.

Die Schnecke ist männlich und weiblich zugleich, je nachdem wie sie Lust hat.

Weil die Schnecken Angst haben, daß ihnen ihr Haus geklaut wird, schleppen sie es immer mit sich herum.

Der Hase ist nicht nur für seine Furchtsamkeit bekannt, sondern auch für seinen guten Geschmack.

Der Hase hat viele Feinde. Vor allem Raubvögel und Jäger bringen ihm den Tod. Wenn der Jäger einen Hasen sieht, sucht er sein Heil in der Flucht, die er hakenförmig ergreift.

Wenn der Winter kommt, hängt sich die Fledermaus in der Scheune auf, weil sich nichts mehr zu essen hat.

Die böse weibliche Spinne nennt man Tarantella.

Die Gottesanbeterin verspeist meist gleich nach der Trauung ihren Mann.

Die Gottesanbeterin fängt ihre Beute, indem sie einen Wirbel um sich macht.

Die Gottesanbeterin tötet das Beutetier mit einem einzigen Schlag.

Das Gift der schwarzen Witwe zersetzt die roten Blutkörperchen. Man kann warten, bis es vorbei ist.

Die Kugelspinne kann sich aufblasen, um vor dem Feind größer zu erscheinen.

Alle Fische legen Eier, die russischen sogar Kaviar.

Die Aale und viele andere Fische legen Leichen ab. Nur so können sie sich vermehren.

»Wenn Fische mit dem Bauch nach oben schwimmen, fühlen sie sich normalerweise nicht sehr wohl.«

Der Walfisch ist nicht Fisch noch Fleisch, weil er eigentlich ein Säugetier ist. Aber es macht ihm nichts aus, immer im Wasser zu leben. Im Gegenteil. Auf dem Land könnte er gar nicht, weil er keine Beine hat.

22.

ERLEBNISSE

Frisch gewagt,
ist halb verloren

oder

Zwischen dreiviertel Eins
und dem Bolzplatz habe ich meinen
Geldbeutel verloren

Am Sonntag mußte ich mit meinen Eltern zu einer Bekannten, die gerade frische Mutter geworden ist und ein Baby gebärt hat. Ich dachte, daß sie bettlägerig ist, aber als wir ankamen, schaute die Gebärmutter zum Fenster heraus und winkte uns zu.

Als der Hansi und ich am Freitagabend loszogen, um Äpfel zu organisieren, hat uns der Bauer mitten im Flagranti erwischt.

Der Freund von meiner Schwester wurde als erster Gewinner eines Autos aus der Trommel gezogen.

Als der Kurt plötzlich wieder zurückkam, befand sich meine Schwester in einer komplizierten Position zwischen ihm und Hermann. Diese Lage konnte sie nicht lange durchhalten.

Zum Glück konnten die Bewohner noch vor der Feuerwehr in Sicherheit gebracht werden.

Ich habe mir dann Bonbons und Würstchen und Kaugummi und zwei Bigmäcks gekauft, so daß die Summe, die mir meine Mutter mitgegeben hat, nicht mit mir auskam.

Als das mein Vater erfuhr, machte er den Prozeß einen Kopf kürzer.

Der Frisör legt mir zuerst ein großes weißes Tuch um den Hals, dann dreht er mir den Kragen um und stopft ihn mit etwas Watte aus. Dann sage ich ihm, daß er mir einen Fasanschnitt machen soll.

Am Sonntag machten unsere Nachbarn ein großes Essen im Freien. Wir waren auch eingeladen. Es war ein schwüler Sommerabend. Die Sterne blinzelten funkelnd herab, die Grillen zirpten um die Wette, die Luft war lauwarm und die Suppe auch.

Fröhlich singend fuhr der Bus los.

Im Erdgeschoß wohnt eine Rentnerin. Sie ist schon sehr alt, durchschnittlich vielleicht 80 bis 85 Jahre. Bei der mache ich immer die Spinnweben weg und alle staubigen Sachen untenrum. Wenn sie sich bückt, fällt sie nämlich auf den Schwindel hinein. Auch mit der Wäsche kommt die alte Frau nicht zurecht. Deshalb hänge ich sie einmal im Monat auf dem Dachboden auf.

… da hat mein Vater gewaltig auf den Tisch gehauen und gebrüllt, daß er nicht immer der letzte sein will, den die Hunde beißen.

Am Nachmittag sind wir wie die Wilden durch den Wald gefahren. Den Karli hat es auf einmal über eine Wurzel gerissen und vom Radl gehaut. Da hatte er einen Kiefernbruch.

Als gerade alle zu dem lockenden Büffet strebten, ging plötzlich das Licht aus. Da gab es ein großes Tohu und auch ein Bohu.

Unermüdlich warfen die Fischer ihre Angelhaken aus, an denen der Wurm den Fischen Appetit macht, aber keiner ging ihm ins Netz.

Obwohl wir uns große Mühe gaben und mehrmals in unsere Hände spuckten, waren wir am Abend mit der Tribüne nicht fertig. Aber schließlich wurde Romulus und Remus auch nicht an einem Tag erbaut.

Neulich waren wir alle beim Fotografen. Der hat uns erst zusammen und dann einzeln aufs Bild gebannt. Mutti hat gestern das Ergebnis abgeholt. Weil ihr Vati so gut gefallen hat, hat sie ihn mitten auf die Kommode gestellt.

23.

FERNSEHEN

Meine Mutter sagt: »Im Werbefernsehen sagen sie immer ›Eßt mehr Obst!‹.« Deshalb muß ich jetzt auch in den sauren Apfel beißen

oder

»Versprochen ist versprochen«, sagte der Intentant zu der Fernsehansagerin

Abends sagt mein Vater immer, ich muß jetzt abschalten, und dann schaltet er den Fernseher ein.

Das schlimmste am Fernsehen ist, daß wir alles sehen können, was gesendet wird.

Im Fernsehen wird viel geschossen, gestochen und gemordet. Manchmal jagen sich die Toten nur so.

Wenn ich meine Hausaufgaben zur Zufriedenheit meiner Eltern gemacht habe, darf ich meinen Lebensabend vor dem Fernseher verbringen.

Die jugendgefährdeten Filme sind auch für Erwachsene keine bekömmliche Kost.

Das Fernsehen ermöglicht uns frühzeitige körperliche und geistige Schäden. Von der Seele wollen wir gar nicht erst anfangen.

Die Fernsehzeitungen sind deshalb wichtig, damit die Sendung nicht vorbei ist, bevor man sie bemerkt hat.

Ohne Fernsehzeitung müßte man den Fernseher einschalten, bevor man sich entschlossen hat, ihn anzumachen.

Früher gingen die Menschen abends und am Wochenende noch hinaus, um sich gegenseitig zu besuchen. Heute sitzen sie jeden Abend in Massen vor dem Fernseher. Daher kommt auch der Name Massenmedium.

Oft schaltet mein Vater den Flimmerkasten gleich nach Beginn aus. Er sagt, sein Bedarf an Dummheit sei längst gedeckt.

Bei einem schlechten Programm leidet schon mal ein Möbelstück unter der Behandlung meines Vaters.

Im Fernsehen gefällt es mir gar nicht, wenn alte Filme kommen, in denen nur tote Schauspieler mitspielen.

Auch Dallas gefällt mir gut. Tschi Ar ist zwar ein gemeiner Kerl, aber es ist schon toll, wie dem immer wieder was einfallen tut, wie er die anderen austrixen kann. Viel gemeiner ist aber noch die frühere Frau Kerington von Denver, die der neuen Frau Kerington das Baby vom Pferd geworfen hat. Später hat sie dann ihren reichen neuen Ehemann bei der Hochzeit in der Klinik zu Tode geheiratet. Vielleicht heiratet sie jetzt den Tschi Ar und der zeigt's ihr endlich mal. Das würd ich ihr gönnen.

Kinder werden vom Fernseher im Schlaf beschnitten.

24.

VON DICHTERN UND IHREN WERKEN

Es war so spannend,
daß ich für ein oder zwei Stunden
den Atem anhielt

oder

Viele Dichter wälzen sich
in ihren traurigen Gefühlen

Poesie ist wie das Zerreißen eines Schleiers, der sonst Unaussprechliches verhüllt.

Lyrik ist, wenn der Dichter uns sein Intimstes sehen läßt.

In vielen Gedichten sind alle möglichen Orte von einer großen Leere erfüllt.

Viele Gedichte bestehen aus einzelnen Wörtern und haben nicht einmal einen Punkt oder Komma.

Viele Gedichte sind so schön, daß sie geradezu in der Seele zerfließen.

Es gibt auch Gedichte, die sich nicht reimen. Die gefallen mir nicht so gut, da hätte sich der Dichter mehr Mühe geben können.

Bevor der Dichter ein Gedicht machen kann, muß er warten, bis ihm Gefühle kommen. Hat er sie dann alle beieinander, läßt er seine Stimmung ab.

Um ein Gedicht richtig zu genießen, muß man es nicht nur auf der Zunge haben, sondern es auch in der Seele zergehen lassen.

In seinen Gedichten gibt der Dichter sein Intimstes zur Interpretation frei.

Ich lese wahnsinnig gern Kriminalromane und Science fiction. Mit so einem spannenden Buch kann ich mich mehr befriedigen als mit irgend etwas anderem.

Es ist das Schicksal vieler Schriftsteller, daß die Leute erst von ihrem Leben erfahren, wenn sie tot sind.

Bei Dichtern ist es oft so wie bei einem Käse, man findet ihn erst gut, wenn er von Würmern angegangen wird.

Bei vielen Dichtern weiß man erst, daß sie einer sind, wenn man es durch ihren Tod erfährt.

Friedrich von Schiller hat uns nach seinem Tod zwei Schädel hinterlassen. Einer von beiden gehört vermutlich nicht ihm, da er nur einmal gelebt hat.

Literaturforscher haben festgestellt, daß es keineswegs sicher ist, ob William Shakespeare auch wirklich gelebt hat. Sicher ist nur, daß es seine Stücke gibt. Es wird vermutet, daß er auch verheiratet war.

In Fabeln kommen Tiere vor, die sprechen können, zum Beispiel Rotkäppchen.

Manchmal fällt dem Dichter kein Roman mehr ein und keine Geschichte, vielleicht nicht mal ein Gedicht, sondern nur ein oder zwei kluge Sätze über das Leben. Das nennt man dann ein Afforismus.

Odysseus war viele Jahre fort von zu Hause. Dort wartete sehnsüchtig seine Frau Odyssee.

Nachdem Odysseus 20 Jahre lang fremdgegangen war, wollte er endlich wieder den heimischen Herd betreten.

Athene schickte ihm einen kräftigen Wind nach.

Siegfried hatte seine Achillesferse am Rücken.

Siegfried hatte an seinem Körper eine besondere Stelle, die er aber nur der Kriemhild zeigte.

Während meine Klassenkameraden schon schliefen, beschäftigte ich mich beim Schein einer Taschenlampe mit der Maria Stuart. Obwohl der Lehrer gemeint hatte, sie wäre wahrscheinlich ein Problem für mich, machte sie mir keinerlei Schwierigkeiten.

Obwohl sie (Maria Stuart) durchaus gewisse Reize eines Weibes zur Schau trug, besaß Elisabeth an den richtigen Stellen auch die Härten eines Mannes.

Faust konnte sich den ständigen Verlockungen von Mephisto gegenüber nicht mehr länger zurückhalten und übergab sich.

So wie das Stück »Kabale und Liebe« angelegt ist, muß Schiller von Anfang an gewußt haben, daß Luise sterben muß, weil sie ja den Ferdinand erst nach dem Tode haben kann.

Don Juan Boccatscho wurde vor allem durch seinen Sex-Roman Dekammerone berühmt. Darin beschreibt er, wie er unter dem Namen Casanova in die geheimsten Kammern der schönsten Frauen eindrang und mit ihnen tolle Liebesspiele trieb. Oft mußte er übers Dach abhauen, wenn die Ehemänner früher nach Hause kamen.

Von Homer weiß man nicht richtig, wie und wo er geboren wurde.

Anakreon war ein berühmter griechischer Dichter, der lange vor Christi Geburt gelebt hat. Deshalb nennt man alles alte anakronistisch.

Die sogenannte göttliche Sappho war die größte lesbische Dichterin des Altertums.

Madame de Staël war ziemlich häßlich, nur ihre Arme waren schön gebildet, weshalb sie sie auch gerne zur Schau stellte. Dafür war sie aber sehr klug, weshalb sie den Männern damals ziemlich auf die Nerven ging. Die Deutschen benannte die Staël zum Volk der Dichter und Denker, was uns bis heute anhängt.

Die berühmteste deutsche Dichterin ist die Hedwig Kurzmaler. Sie hat über zweihundert Romane geschrieben, die alle Bestseller waren. Sie ist auch die Erfinderin des Fortsetzungsromans und des Happy-Ends, das immer den Schluß ihrer Bücher krönte.

Da Goethe nicht nur Minister, sondern vor allem ein großer Dichter war, war er immer sehr umschwärmt von schönen Frauen. Ihm gefiel das sehr und er hielt sich dann auch gar nicht zurück. Einmal, als er in eine ziemlich komplizierte Liebschaft verwickelt war, riß er bei Nacht und Nebel nach Italien aus. Damit er sich dort nicht langweilte, nahm er die noch unvollendete Iphigenie mit, um sie dort fertigzumachen.

Minister war Herr von Goethe nicht besonders gern. Er arbeitete lieber geistig.

Einer der besten Freunde von Goethe, mit dem er alles in langen Gesprächen beredete, war der Neckermann.

Goethe war Dichter, Minister und Casanova. Bei den Frauen hatte er viel Erfolg. Wenn er sie mit seinen schönen Gedichten eingestimmt hatte, ließen sie ihn meist gewähren. Anschließend schrieb er seine Erlebnisse mit ihnen in seinen Venezianischen Epigrammen und Römischen Elegien nieder. Aber nicht nur seine Abenteuer mit den Italienerinnen, auch was er zu Hause auf seinem west-östlichen Diwan mit Einheimischen erlebte.

In Goethes Werther sucht eine Frau die richtige Position zwischen zwei Männern.

Goethe ist der größte deutsche Dichter, von dem alle anderen nur lernen können. So hat er zum Beispiel die Iphigenie so fertiggemacht, daß sich nachher kein anderer mehr an sie getraut hat.

25.

UNSERE HEIMAT …

Die Einwohner werden wegen ihrer
leidenschaftlich reizvollen Lage in
der Sonne sehr beneidigt

oder

Beim Bauern Simring wird die Wurst
noch fachmännisch vom Metzger, der ins
Haus kommt, getötet und zerlegt

Viele Gastwirte in Bayern ernähren sich nur noch mit Touristen.

Das bekannteste an Frankfurt sind die Würstchen, das berühmteste ist Goethe.

In der Nähe von Duisburg bekommt der Rhein die Ruhr.

Das größte Bundesland in der Deutschen Republik ist Nordwein-Restfalen.

Die Pfalz und die Mosel ist vor allem wegen ihrer Weinindustrie bekannt.

Der Schwarzwald ist so groß, daß man darin herumlaufen kann, bis man schwarz wird. Daher hat er auch seinen Namen.

In Wörishofen gehen die Kurgäste barfuß in die Kneipen.

Die wichtigsten bayerischen Flüsse sind die Donau, der Main, die Isar und der Wittelsbach.

Die Bundesrepublik zerfällt in drei Teile, in die eigentliche Bundesrepublik, die aus den Bundesländern besteht, in Berlin und Bayern.

Die westfälischen Bauern erkennt man an ihren prächtigen Schinken.

In Mannheim übergibt sich der Neckar dem Rhein.

In Bayern stößt man überall auf Maderl, die meistens auf einem Stock stehen. Einige davon waren recht schön und mit Blumen geschmückt.

Im Schwarzwald ist der Bundessandstein vorherrschend.

Der Rhein war einmal Deutschlands schönster und stolzester Strom. Aber das ist schon lange her. Jetzt schütten die Menschen und Fabriken Tag und Nacht stinkenden Unrat hinein und beschmutzen damit sein Bett.

In Deutschland ist es viel einfacher, Urlaub zu machen, weil man hier alle Leute versteht, wenn man etwas wissen will. Aber in Italien und in Spanien scheint dafür Tag und Nacht die Sonne und man spart dadurch viele Kleider.

Im Allgäu gibt es noch richtige Almen, auf denen es zünftig zugeht. Ein Senner und eine Sennerin leben vom Frühjahr an einsam da oben und machen unter anderem auch schönen Käse. Im Herbst wird dann abgetrieben.

26.

… UND DIE WEITE WELT

Südamerika hat unten einen
ziemlich spitzen Zipfel

oder

Ziemlich bald hinter Moskau
sind Europa und Asien
fest zusammengewachsen

Der persische Führer Eiatolla Kommuni hat allen Frauen befohlen, den Schleier zu nehmen.

In den weniger entwickelten Gebieten ist die Geburtenrate höher, weil die Hygiene dort nicht so groß ist und deshalb Bazillen, die die Geburten entwickeln, leichter übertragen werden können.

Der Sankt-Lorenz-Strom liegt in Amerika. Er ist so lang und breit, daß er in Europa auch gar keinen Platz hätte.

Mexiko ist ein vulkanisiertes Land.

In China werden jetzt die Versäumnisse von Jahrhunderten nachgeholt. Die Bevölkerung vermehrt sich jährlich um zehn Millionen.

Die Kubaner haben Zucker.

Brasilien:
Sie leben an den hohen Gehängen und am Zuckerrohr, ohne kanalisatorische Anlagen, und unter keiner Aufsicht der Stadträte. Auch die sanitäre Verpflegung fehlt.

Obwohl sie kaum etwas zu essen haben, nimmt die Bevölkerung der Favelos unheimlich zu.

Die Favelas liegen zwischen den Eisenbahnschienen.

Die Favelas wohnen in Hüten aus Abfall. Schon eine leichte Ozeanpriese schmeißt alle um.

Und Pillen und derartigen Krimskrams können sich die ärmeren Leute nicht leisten.

In den Favelas fehlt die sanitäre Behandlung.

Schulen und Krankenhäuser mangeln. Ihre notbedürftigen Behausungen fallen schon bei Sturm um.

Sie leben wie Tiere, die sich im Dreck wülen.

Die Hütten bestehen aus Säcken, Kisten, Bananenblättern, Palmwedeln und anderem auftreibendem Mist.

Argentinien:
Im 16. Jahrhundert erschienen die Griechen mit ihren Pferden und Rindern. Aber die Geier freuten sich schon.

Die Gauchos vertrieben alle europäischen Einsiedler, so daß sich diese an der Küste ansiedelten.

Das Gras war den Rindern zu hart, deshalb pflanzten sie andere Sachen an.

Südamerika ist oben breit, unten krumm und meistens diktatorisch.

In vielen südamerikanischen Staaten wird ein Gorillakrieg geführt.

Indien:
Das höchste Gebirge in Indien ist das Himmeleiergebirge.

Indien besteht zum Teil fast nur aus Dörfern.

Die Inder werden in einem Kasten geboren, den die Götter für sie ausgesucht haben.

Ein solcher Kasten hat auch in der indischen Unterwelt eine Bedeutung.

Die ursprünglichen Kasten waren: Die Kuh, der Hund, der Mensch, die Katze.

Der Inder kann aus dem Kasten, in dem man geboren ist, nicht entrinnen.

Die oberste Kaste ist die Kaste der Bahamas. Die kleinsten Kästen haben fast keine Bedeutung.

Ein Kasten bleibt das, was er von Geburt an war.

Wenn der Schatten eines Kastens auf einen Unantastbaren gefallen ist, reinigt er sich.

Die Kasten haben kein leichtes Leben, alle ihre Nachkommen bleiben Kästen.

Es hat einen Mann gegeben, der die Leute, die keinen Kasten hatten, heilig gesprochen hat, seitdem leben sie etwas besser.

Zu den wichtigsten Bodenschätzen Indonesiens und Indiens gehört der Reis.

Die Hütten bestehen aus Ästen und Blättern. Zum Schluß wird Kot von den heiligen Kühen darüber gebatzt.

Es gehören fast 600 000 Menschen den Kindererzeugnissen an.

Die Inder sehen das Leben als eine Straf- und Prügelzeit.

HUMOR UND SATIRE

Auch ernste Dinge haben ihre heiteren Seiten… Prickelnd, frech, witzig.

01/7665

01/6862

01/7745

01/7654

01/6896

01/7694

01/7619

01/6956